아동안전지킴이

# 환뺑이

**글 · 그림 신주한**

충청남도 대전에서 태어났습니다. 대학교에서 미술교육, 대학원에서 환경 디자인을 전공했습니다. 어린이 전시기획, 미술 제작 감독으로 일하고 있습니다. 그동안 '뽀로로의 숲속마을', '레고 올록볼록놀이터', '미피의 놀이터', '투니버스 캐릭터 페스티벌', '보건복지가족부 비만전,' '부천키즈랜드', '영등포타임스퀘어 딸기야 놀자 키즈 카페', '서울대공원 어린이동물원 세밀화', '금산군청 어린이안전벽화', '고성군 해양박물관 파노라마', '논밭아트 광릉생태식물', '국토교통부 도시재생테스트베드' 같은 작업을 했습니다. 대전서부경찰서 성폭력 예방교실 시범단원으로 활동하면서 경찰의 날 모범 시민상과 금산경찰서에서 어린이범죄예방 감사장을 받았습니다. 지금은 〈디자인 우리동네〉 대표로 일하고 있습니다.

초판 1쇄 펴냄 | 2013년 11월 2일

글 · 그림 | 신주한
감수 · 추천 | 해바라기 아동센터
편집 | 장순일
디자인 | 디자인 우리동네
펴낸이 | 정낙묵
펴낸 곳 | 도서출판 고인돌
주소 | 경기도 파주시 교하읍 문발리 617-12 1층 우편번호 413-832
전화 | (031) 943-2152
전송 | (031) 943-2153
손전화 | 010-2261-2654
전자우편 | goindol08@hanmail.net
인쇄 | (주) 미래프린팅
출판등록 | 제 406-2008-000009호

값 13,000원
ISBN 978-89-94372-60-0 73330

「이 도서의 국립중앙도서관 출판시도서목록(CIP)은 e-CIP 홈페이지
(http://www.nl.go.kr/ecip)와 국가자료공동목록시스템(http://www.nl.go.kr/kolisnet)에서
이용하실 수 있습니다.
(CIP제어번호: CIP2013020039」

아동안전지킴이

달팽이 형사대

글·그림 | 신주한
감수·추천 | 해바라기 아동센터

고인돌

### 달서장

언제나 덤벙덤벙, 말도 많고 정도 많은 실수 대장! 큰 덩치 어울리지 않게 상추 마을의 안전을 위해 마을 곳곳을 부지런히 다니며 살핀다. 휴가 때는 바닷가에서 파도타기를 즐긴다는데 직접 본 달팽이는 없다. 두툼한 입술만큼 정이 두둑하다는 점이 자랑거리.

### 민형사

달서장의 지시로 신분을 숨기고, 범인을 잡기 위해서 3년째 중국집 배달원으로 있다. 그가 가지고 다니는 철가방 속에는 수사에 필요한 다양한 도구들이 들어 있다. 자주 휘두르는 곤충 채집기는 현장 증거물을 수집하는 중요한 도구이다. 언제나 아이들 옆에 있어 주며, 위험에 빠졌을 때 슬그머니 나타나 도와준다. 버섯차를 즐겨 마시며 비 오는 날을 좋아한다. 자랑거리는 신속 배달.

### 아기콩

민달팽이 마을의 행운을 가져다주는 마스코트! 산책하는 것을 좋아하며, 먹는 것을 위해서라면 지구 끝까지 기어간다. 달서장이 들은 바로는 달걀 껍데기 속에서 무더기로 발견됐다는 소문! 가끔 깜박 졸다가 데구루루 구른다. 살금살금 다가가 폴짝 뛰어오르기가 자랑거리.

# 누가 나오나

## 민알콩

달서장의 외동딸. 어려서부터 아빠를 보고 배우며 자연히 어린이 경찰이 됐다. 맛있는 음식 앞에서는 마음이 약해지지만 당당한 성격과 상냥한 말투가 자랑거리.

## 민달콩

아파트 베란다 화분 속에서 홀로 태어난 의문의 아이. 호기심이 많으며, 씽씽카를 타고 빠르게 질주하는 걸 좋아한다. 가끔 엉뚱하고 급한 성격이지만 가장 용감하고, 자기주장은 확실히 할 줄 아는 아이. 자랑거리는 '이-얍!' 하고 소리 지르기.

## 민치즈

'치-즈' 하고 항상 웃는 모습으로 살자!라고 엄마가 이름을 치즈라 지어 주셨다. 치즈콩이라고도 불린다. 항상 겁이 많아 두 번 세 번 생각하고 고민 끝에 결정한다. 언제나 조심조심하는 게 자랑거리.

**방가방가** 여러분
저는 민달팽이 마을의 **안전**을
책임지는 **달서장** 입니다.

더 그거 아니?

세상의 모든 동물은
스스로를 지키는
보호무기를 가지고 있어요.

카멜레온은 보호색으로 변장하거나
아기 고슴도치는 수많은 바늘을 세우고요,

아주 작은 뱀도
무서운 독을 가지고 있어요.

슝-슝
심지어 하늘다람쥐는
위험에 빠지면
하늘을 훨훨 날아다니지요.

저런 벌 에게 쏘인 적이 있다고요?
그래요, 아주 작은 벌도
자기 몸을 지키려고
날카롭고 뾰족한 침을 쏘지요!

하지만 여러분! 여러분에게는
하늘다람쥐 같은 날개가 있나요?
아니면 뾰족한 바늘이 있나요?

맞아요!
어린이들 에게는
스스로 보호할 수 있는 무기가 없습니다.

민달팽이는
튼튼하고 안전한 집이 있어요.
그런데
달팽이집 속에서 밖으로 나와도
안전하게 돌아다닐 수가 있답니다.

16

# 네? 뭐라고요?

에헴, 다 방법이 있지요.
지금 당장 우리 '달팽이 형사대'의
이야기를 들어 보세요.
집 밖에서도 안전하게 다니는 방법을
자세히 가르쳐 줄게요.

# 시작하기 전에
# 알아 둘 게 있어요!

안전모는 언제나 안전을 생각하라는 뜻이야.

크고 둥근 눈은 언제 어디서나 주위를 살피라는 뜻이야.

크게 벌린 입은 큰 소리로 말하고 소리치라는 뜻이야.

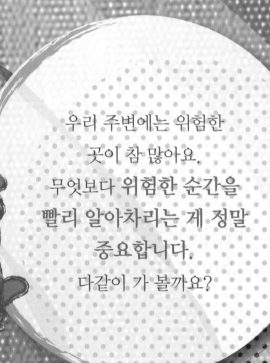

우리 주변에는 위험한
곳이 참 많아요.
무엇보다 위험한 순간을
빨리 알아차리는 게 정말
중요합니다.
다같이 가 볼까요?

# 민형사와
# 요리조리 현장 학습

1

등하교는 친구들과
여럿이 다녀요.

■ 학교나 학원에 늦어서 동네 어른에게 차에 태워 달라고 하면 안 돼요. 여러분이 차를 타고 어디론가 사라진다면 그 사실을 부모님과 선생님은 알 수가 없기 때문에 매우 위험합니다.

이름: 민달콩

어라? 낯선 아저씨가
달콩이 이름을
어떻게 알았을까?
아! 가방에 쓰여 있지!
소지품에 주소나 이름을
크게 써넣지 마!

아빠가 사고로
입원했다고?
무작정 따라가지 말고
엄마나 선생님께
전화로 확인해 봐.

■ 가방이나 학용품, 집 열쇠에 집 주소, 전화 번호, 이름을 크게
써넣지 마세요.

■ 낯선 사람과 대화할 때는 세 걸음 이상 안전한 거리를 두고 대
화하세요.

■ 길을 물어보면 차에 타지 말고 그 자리에서 보이는 곳까지만
가르쳐 주세요. 거기서 다른 사람에게 또 물어보라고 하세요.

■ 집에 큰일이 생겼다고 하면 부모님께 직접 전화를 해보거나 담
임 선생님께 먼저 확인해 보세요.

27

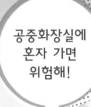

**혼자 놀면 위험!**
친구들과 함께 놀아요.

큰 나무나 숲,
커다란 놀이 기구
주변은 사람들의
눈에 잘 띄지 않아
위험하지요!

■ 친구들과 놀다가 혼자 남으면 집으로 꼭 들어가세요.

■ 집 밖의 상가, 놀이터 화장실에 갈 때는 꼭 가족이나 친구들과
함께 가도록 하세요.

■ 큰 나무나 커다란 놀이 기구에서 놀면 사람들의 눈에 잘 띄지
않아서 위험해요.

헐~
새롭고 신기한
물건으로
유혹하는군요!

날씨가 덥지?
아저씨랑
아이스크림 사 먹으러 같이 갈까?

설문 조사에 답해 주면
최신 카드를 선물로 줄게.

아저씨집에 재미있는
게임이 있는데 같이 가서 할래?

낯선 사람이 주는 과자나
선물을 받지 마세요!

여러분이
덜컥 낯선 사람을
따라가서 위험에 빠지면
누가 알고 도와주겠어요?
그런 일은 절대로
없어야겠죠?

■ 친구처럼 친절한 낯선 사람의 태도에 속지 마세요.

■ 재미있는 게임이나 신기한 장난감으로 아이들의 관심을 끄
는 어른을 조심하세요.

■ 내가 잘 아는 동네 이웃이라도 부모님의 허락 없이 선물을 받거
나 절대 따라가면 안 돼요. 부모님은 우리 위치를 언제나 알
고 계셔야 해요.

버려진 집이나 공사가 멈춘 곳도 위험해요.

주차장이나 길에 세워진 차를 지날 때도 위험해.

■주차가 되어 있는 차 옆을 지날 때도 차 안에서 손을 뻗었을 때 내 몸이 닿지 않도록 조금 떨어져서 다니세요.

■특히 공사장이나 기찻길 아래는 몹시 시끄러운 곳입니다. 위험에 빠졌을 때 아무리 큰 소리로 도와 달라고 외쳐도 여러분의 목소리가 들리지 않으니 그런 곳에 가지 마세요.

37

복잡한 곳에서 엄마 아빠를
잃어버리면 그 자리에서 기다려요.

38

■ 낯선 곳이나 복잡한 곳에서 부모님을 잃어버리기 쉬워요. 서로 헤어질 경우를 대비해서 만날 장소를 미리 정하세요.

■ 주변 아무 어른에게 부탁하지 말고 경찰이나 안내원, 가게 점원에게 도와 달라고 하세요.

# 민형사 테스트?

1. 아침에 학교 가는데 동네 어른을 만났어요. 같은 방향이니 태워 주신다고 해서 안심하고 차에 탔어요.

       네                   아니요

2. 큰 도로에서 어른이 다급한 목소리로 길을 묻고 있어요. 잘 들리지 않아 가까이 가서 친절하게 안내해 드려요.

       네                   아니요

3. 열쇠를 잃어버려도 잘 찾을 수 있게 이름과 주소를 크게 써 놓아요.

       네                   아니요

4. 낯선 어른이 부모님의 직장 동료라며 나를 찾아왔어요. 부모님이 교통사고로 병원에 있으니 빨리 같이 가자고 해요. 내가 보는 앞에서 부모님과 전화 통화도 했으니 마음 놓고 따라가도 돼요.

       네                   아니요

5. 동네 놀이터에서 놀다가 화장실이 가고 싶어요. 밝은 대낮이니 혼자 가도 안전해요.

       네                   아니요

6. 같이 놀던 친구들이 다 집에 들어갔어요. 엄마가 곧 오시는 길이니 조금만 더 놀다가 같이 들어가요.

       네                   아니요

7. 주차장에는 감시 카메라가 곳곳에 있어서 안전한 것 같지만 위험한 곳이에요.

       네                   아니요

8. 사람이 잘 다니지 않는 지름길로 친구집에 가고 있어요. 여럿이 가니까 위험하지 않아요.

       네                   아니요

9. 경비 아저씨가 경비실에서 재미난 놀이를 하자고 해도 따라가면 안 돼요.

       네                   아니요

10. 엄마를 따라 시장에 갔어요. 사람들이 많으니 마음 놓고 구경해요.

       네                   아니요

11. 내 이름을 아는 어른은 믿고 따라가도 괜찮아요.

       네                   아니요

## 헷갈리나요? 큰 소리로 다음을 읽어 보아요.

점수 :

1. 차에 탄 사실을 부모님은 알고 있어야 해.
2. 손을 뻗어도 닿지 않도록 안전 거리를 두어야 해.
3. 아무 곳에나 내 소중한 정보를 흘려서는 안 돼.
4. 엄마의 목소리를 직접 들었니?
5. 환한 낮이라도 공중화장실에 혼자 가면 위험해.
6. 사고는 언제 일어날지 몰라. 집에 가는 게 제일 안전해.
7. 감시 카메라가 모든 곳을 찍지는 못해.
   그리고 주차장은 차들이 다니니까 위험해.
8. 사람이 잘 다니지 않는 곳에는
   내가 도와 달라고 소리쳐도 아무도 못 들어.
9. 부모님께서 허락은 하셨니?
10. 복잡한 곳에서는
    어떤 일이 일어나는지 알기 어려워.
11. 낯선 사람도 내 물건에 적힌 이름을 보고
    쉽게 알 수 있어.

정답: 1.아니요  2.아니요  3.아니요  4.아니요  5.아니요  6.아니요  7.네
      8.아니요  9.네  10.아니요  11.아니요

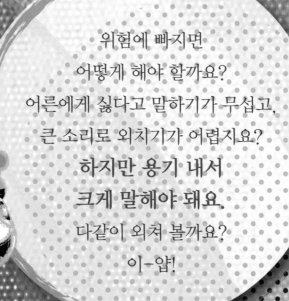

위험에 빠지면
어떻게 해야 할까요?
어른에게 싫다고 말하기가 무섭고,
큰 소리로 외치기가 어렵지요?
**하지만 용기 내서
크게 말해야 돼요.**
다같이 외쳐 볼까요?
이-얍!

# 달콩이와
# 소리 질러 이-얍!

**2**

위험에 빠지면
가장 가까운 곳을
찾아 도움을 요청해.
이-얍!

위험할 때는
# 아동안전지킴이집
으로 들어가세요.

■ 우리 주변에는 아동안전지킴이집으로 정해진 약국, 편의점, 문구점 등이 있어요. 위험에 빠지면 가장 가까운 곳으로 들어가 도와 달라고 하세요.

■ 수상한 사람이 계속 따라오는데 아동안전지킴이집이 너무 멀리 있으면, 가까이 있는 가게나 어른에게 가서 도와 달라고 하세요. **45**

아동안전지킴이집

112 범죄신고
182 실종아동신고

아동안전지킴이집

넵!
위험에 빠진
아이들을 임시로
보호해 주는 곳
입니다!

친구가 위험에 빠지면
**112번에 전화를 하거나**
아동안전지킴이집에 도움을 요청해요.

위험에 빠진 친구를 본다면 이렇게 도움을 요청하세요.

■ 가까이 있는 어른에게 달려가 알리거나 112번에 전화를 걸어 신고
  하세요.

■ 주변에 어른이 없다면 아동안전지킴이집이나 가게에 들어가 도와
  달라고 하세요.

■ 사고가 일어난 곳을 설명할 때는 학교, 병원, 공원, 시장 같은 큰
  건물이나 장소를 중심으로 특징을 설명하세요.

여러분!
혹시 전봇대 고유
번호를 본 적 있나요?
어른의 키보다
조금 더 높은 곳에
이런 숫자가 있어요.

전봇대로도
자신의 정확한
위치를 쉽게
알 수 있지요.

휴대 전화 주의사항

■ 나의 소중한 정보를 위해 잠금장치를 하세요. 분실 시 누군가
  찾아준다면 반드시 부모님과 함께 가서 돌려받으세요.

■ 휴대 전화를 낯선 사람에게 빌려 주지 마세요.

강제로 가자고 하면
"싫어요! 안 가요! 도와주세요!"
하고 큰 소리로 외쳐요.

■ 우리 어린이의 힘으로 어른을 이길 수는 없어요. 사람들이 없는 곳으로 끌려가기 전에 온 힘을 다해 소리치고 발버둥쳐서 당황하도록 만든 후 빠져나와야 해요.

나—
처럼 해봐요,
요렇게!
이—얍!

위험에 빠지면
사람들이 많은 곳으로 달려요!

- 안전한 곳으로 달릴 방향을 미리 생각하세요. 시야가 훤히 보이고, 내가 잘 알고 있는 방향이 안전해요.

- 낯선 차가 계속 따라오면 좁은 골목으로 도망치세요! 자동차는 반대 방향으로 이동하기 어려워요. 자동차의 반대 방향으로 달려요.

- 사람이 많이 있는 식당, 슈퍼마켓 같은 가게나 큰길가 쪽으로 달리세요. 사람들이 보이면 "도와주세요!" 하고 크게 소리쳐요.

■ 무서워도 경찰이 구하러
올 때까지 범인의 말을
잘 듣는 척 하세요.

유괴 범죄의 경우
자동차를 이용하는
수법이 많으니까
낯선 차량을 조심해!
이-얍!

■ 울거나 살려 달라고 떼를
쓰면 유괴범이 화가 나서
더 위험해져요.

■ 유괴범의 얼굴을 똑바로 쳐다보지 마세
요. 범인이 납치된 장소와 자신의 얼굴
을 물어보면 잘 모른다고 대답해요.

■ 겁에 질려 입맛이 없어도 힘
을 낼 수 있도록 밥을 잘 먹고
도움을 기다려요.

# 유괴범에게 납치되면
## 침착하게 도움을 기다려요.

# 달콩이 테스트 ?

1. 학교 앞 문구점은 아동안전지킴이집이 있어요. 문구점의 어른의 말씀은 무엇이든 믿고 따라요.

   네                     아니요

2. 휴대 전화기를 잃어버렸어요. 전화기를 주운 어른이 돌려준다며 만나자고 했어요. 엄마가 아시면 혼날까 봐 빨리 가서 돌려받아요.

   네                     아니요

3. 친구가 위험에 빠졌어요. 재빨리 아동안전지킴이집에 가서 도와 달라고 해요.

   네                     아니요

4. 친구가 차에 납치되는 것 같아요. 차 번호를 적고 112에 신고했어요.

   네                     아니요

5. 낯선 사람이 내 손목을 잡고 끌고 가려고 해요. 온 힘을 다해 비명을 질러요.

   네                     아니요

6. 유괴범에게 납치되었어요. 나쁜 어른이니 무조건 반항하고 살려 달라고 떼를 써야 해요.

   네                     아니요

7. 위험에 빠지면 아무 곳으로든 도망쳐야 해요.

   네                     아니요

8. 낯선 차가 계속 나를 따라와요. 재빨리 뒤 돌아 오던 길로 다시 뛰어요. 어른이 있는 가게로 들어가 도와 달라고 해요.

   네                     아니요

## 헷갈리나요? 큰 소리로 다음을 읽어 보아요.

점수 :

1. 누구든 나쁜 사람이 될 수 있어! 아동안전지킴이집은
   잠시 보호해 주는 곳이야. 112번에 신고해 달라고 부탁해.
2. 혼자 가지 말고 부모님과 같이 가야 해.
3. 112번에 신고하거나 주변의 어른에게 도와 달라고 해야 돼.
4. 차 번호를 알아야 친구를 구할 수 있어.
   큰 숫자 네 자리를 꼭 알아야 해.
5. 도와 달라는 말을 크고 분명하게 외쳐야 돼.
   "도와주세요! 살려주세요!"
6. 유괴범도 긴장하고 있으니까 화나게 하면 위험해.
7. 사람이 다니지 않거나 어두운 곳으로 도망치면 더 위험해.
8. 자동차는 좁은 길로 들어서거나
   갑자기 반대 방향으로 못 돌아.
   그 점을 이용해야 돼.

정답: 1.아니요  2.아니요  3.네  4.네  5.아니요  6.아니요  7.아니요  8.네

부모님께서는 제게 남을 돕는
착한 어린이가 되라고 말씀하
셨어요. **도움이 필요한 사람은
누구든지 다 도와주어야 할까요?**
비밀과 약속은 모두 지켜야 할까요?
나쁜 어른은 어떤 모습일까요?
아이고, 복잡하고 어려워라!

알쏭달쏭 헷갈려―

# 치즈콩과
## 알쏭달쏭 아리송해

**3**

할아버지가
눈이 나빠서 글을
못 읽겠구나.
같이 가서 좀
읽어 다오.

차 안에 반지가
빠졌는데
아저씨는 손이 커서
못 빼겠구나.
넌 손이 작으니
꺼낼 수 있겠다.

우리 집 강아지가
밥을 통 안 먹는단다.
네가 와서 먹여 주면
잘 먹을 거야.

어른들은 아이들에게 절대
도움을 요청하지 않아요.

혹시 이런 부탁을
받은 적 있나요?

선물을
사야 하는데
뭘 사야 할지
모르겠어.
네가 좀
골라 줄래?

Q 몸이 불편하신 어른께서 도와 달라고
부탁하셨어요. 거절하면 나쁜 어린이일까요?

맞아, 그렇지만…
아리송해~

꼭 기억해요!
나쁜 사람은
어린이의
착한 마음을
이용해요.

헐~
도움이 정말 필요한
어른은 아이들에게
도와 달라고 하지
않아요.

이렇게 해볼까?
아저씨 죄송해요.
상자가 무거워서
저는 못 들어요.
다른 어른에게
부탁하세요.

■ 도움이 필요한 사람을 도우려는 마음은 착하고 바른 마음이에요.
하지만 여러분의 안전을 지키는 일이 더 중요해요. 겉모
습은 착하고 친절해 보이지만 속마음은 나쁜 사람일 수도 있어요.

■ 주변에 다른 어른이 보이면 가서 대신 도와 달라고 부탁하세요.
그럴 만한 어른이 안 보이면 분명하게 거절하세요.

사각지대란?

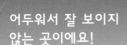

사람들의 눈길이 잘 닿지
않는 곳이에요!

어두워서 잘 보이지
않는 곳이에요!

내 몸이 사물에 가려
보이지 않는 곳이에요!

헐~
깜깜한 밤이 되면
안전한 곳도
모두 사각지대로
변하지롱!
으흐흐...

너 그거 아니?
귀신 같아!!

■ 어린이들끼리만 동네 숲, 산, 강으로 가지 마세요! 여럿이 같이 가
도 위험해요. 꼭 부모님이나 믿을 수 있는 어른들과 함께 가세요.

에헴!
여기 있는 모습 중
누가 좋은 사람,
누가 나쁜 사람
일까요?

겉모습으로는
좋은 사람, 나쁜 사람
구분할 수 없어요.

여기 있는 어른의 모습은 대부분 친절해 보여요. 하지만 놀라지 마세요. 모두 실제로 범행을 저지른 사람이라는 사실!

친절한 아저씨? 우리 엄마 같은 아주머니? 젊고 잘생긴 남자? 평범하게 생긴 어른?

Q 임신한 아주머니, 이웃집 어른, 학원 선생님, 경비 아저씨, 집에 자주 놀러 오는 어른, 동네 할아버지라면 믿어도 될까요?

맞아, 그렇지만…
아리송해~

여러분!
세상에는 좋은 어른과
나쁜 어른이 있어요.
하지만 누가 좋고
누가 나쁜지
알 수 있는 방법은
없답니다.

■ 겉모습만 보고는 누가 좋은 사람인지 나쁜 사람인지
구분할 수 없어요.

내 옷을 벗기거나 옷을 벗긴 채로 사진을 찍는 사람

헐—
길을 걷다 이런 사람들을 만나면 놀라거나 겁먹지 말고 112에 신고하세요.

자기 옷을 벗고 맨몸을 보여 주거나 만지라고 하는 사람

Q 비밀과 약속은 꼭 지켜야 할까요?

맞아, 그렇지만...
아리송해~

# 위험한 비밀과 나쁜 약속은
## 지키지 마세요.

내 몸의
소중한 곳을
만지거나
아프게 하는
사람

이상한
동영상이나
사진을
보여 주는
사람

싫어요!
절대 속으면 안 돼!
이런 사람들이
비밀을 지켜라, 안 지키면
해치겠다고 협박을 해도
속거나 겁먹지 마!
나쁜 짓을 한 사람은
꼭 벌을 받아야 해!

■ 부모님은 여러분이 믿을 수 있는 가장 든든한 분이에요. 부모님께
　바로 알리세요.

■ 부모님께 말하기 힘들면 1366으로 전화해서 도와 달라고 하세요.

단짝의 생일을
몰래 축하해 주기
위해 친구들끼리
비밀로 했어.

Q 부모님께 비밀을 말하면 나쁜 어린이일까요?

맞아, 그렇지만…
아리송해~

어린이는 부모님께
비밀을 만들지 마세요.

■ 어린이는 판단력이 약해서 '지켜야 할 비밀'과 '지키지 않아야 할 비밀'을 구분하기 어려워요. 부모님께 어떤 비밀도 만들지 말고 다 이야기하세요.

■ 부모님은 가장 든든한 내 편이라는 사실을 잊지 마세요. 어떤 비밀을 말해도 절대 나쁜 어린이가 아니에요.

1. 아기를 업은 아주머니께서 차에 가방을 좀 넣어 달라고 부탁해요. 아기 때문에 힘드실 테니 망설이지 말고 얼른 도와 드려요.

        네                  아니요

2. 슈퍼 아저씨께서 개가 새끼를 여섯 마리나 낳았다며 보여 주신대요. 친구랑 둘이 가면 안전하니 따라가도 괜찮아요.

        네                  아니요

3. 사각지대는 네모난 건물 모양을 뜻해요.

        네                  아니요

4. 밤이라도 내가 평소에 다니는 길은 안전해요.

        네                  아니요

5. 환한 낮에는 친구들과 동네 숲이나 산으로 벌레를 잡으러 가도 돼요.

        네                  아니요

6. 경찰이나 군인 아저씨는 무엇이든 믿고 해도 돼요.

        네                  아니요

7. 예쁘고 친절한 누나는 따라가도 괜찮아요.

        네                  아니요

8. 약속은 무조건 지켜야 해요.

        네                  아니요

9. 엄마에게 친구들과 약속한 비밀을 이야기했어요. 난 나쁜 어린이예요.

        네                  아니요

10. 옆집 아저씨는 나를 무척 예뻐하세요. 얼마 전에는 내 옷을 벗기고 사진 찍는 놀이를 했어요. 둘만 아는 비밀로 하자고 해서 아무에게도 말하지 않았어요.

        네                  아니요

11. 자주 놀러 오는 옆집 오빠가 이상한 영상을 보여 주고 내 몸을 만졌어요. 비밀을 안 지키면 혼내겠다고 했지만 부모님께 다 말씀드렸어요.

        네                  아니요

## 헷갈리나요? 큰 소리로 다음을 읽어 보아요.

점수 :

1. 도움이 정말 필요한 어른은 어린이에게 부탁하지 않아.
2. 어린이 여러 명이 힘을 모아도 어른 한 명을 이길 수 없어.
3. 내가 아무리 크게 소리쳐도 다른 사람이 듣지 못하면 그곳이 사각지대야.
4. 낮에는 안전한 곳도 밤이 되면 위험해.
5. 외진 곳은 낮에 여러 친구들과 같이 가도 위험해.
6. 경찰이나 군인 아저씨라도 내가 싫다는데 억지로 내 몸을 만지면 싫다고 말해.
7. 겉모습만 보고는 나쁜 사람을 구분할 수 없어.
8. 지켜지면 안 되는 나쁜 약속과 무서운 비밀도 많아.
9. 부모님께는 무엇이든 숨기지 말고 말씀드려.
10. 내 몸은 소중해. 남이 함부로 만지거나 보면 안 돼.
11. 나쁜 짓을 되풀이하지 못하게 벌을 주어야 해.

정답: 1.아니요  2.아니요  3.아니요  4.아니요  5.아니요  6.아니요  7.아니요
8.아니요  9.아니요  10.아니요  11.네

우리 몸에서
남들이 함부로 보거나 만지면
안 되는 소중한 곳은 어디일까요?
어린이 성범죄의 80% 이상이
우리가 알고 지내는 친인척이나,
이웃 사람처럼 가까운 사람이
범인이래요. 무섭지만
함께 알아볼까요?

# 알콩이와
## 부끄부끄
# 당당하게 말해요

**4**

우리 몸에는
다른 사람이 함부로
보거나 만지면 안 되는
소중한 곳이 있어.
잘 보고 배워 봐.

가슴

엉덩이, 항문

음순

사랑이 담긴 행동과
성폭력을 구분할 줄 알아요.

이다음에 어른이 되어서 아기를 만들고, 낳고, 기르는 데 중요한 곳이야.

칭찬은 말로만 해주시겠어요? 이-얍!

엉덩이, 항문

음경

■가슴, 엉덩이, 항문, 성기 이런 곳은 남들이 함부로 보거나 만지면 안 되는 소중한 곳이에요.

■몸이 아파서 의사 선생님이 진찰하거나 간호사가 엉덩이에 주사를 놔줄 때처럼 내 몸을 보여 줘도 괜찮을 때도 있어요. (부모님께서 아기 기저귀를 갈아 주거나 씻겨 주실 때)

부모님께는 무엇이든 숨김없이 말씀드리는 거 잊지 마세요.

부모님께 말씀드리기 어려우면 선생님이나 상담소에 전화해! 우리를 보호해 주고 문제를 해결해 준다고. 전화 1366

친척의 행동이 이상하면 "하지 마세요!" 라고 말하고 자리를 피하세요.

이상한 행동을 하려고 하면 놀라지 말고 침착하게 자리를 피해!

■ 가까운 친척이나 이웃이라도 내 몸의 소중한 곳을 만지려고 하면 "싫어요, 하지 마세요! 엄마에게 말씀드릴 거예요!" 하고 말하세요.

■ 놀라지 말고 침착하게 자리를 피하세요. 부모님이 오실 때까지 방문을 잠그고 있어요.

■ 다시는 그런 일이 일어나지 않도록 부모님께 있었던 일을 사실대로 꼭 말씀드려야 해요.

내 몸의
주인은 바로
나!
꼭 기억해!

내 몸을 함부로 만지면
선생님의 말씀이라도 듣지 마세요.

■ 가끔은 학교나 학원 선생님이  나쁜 행동을 하기도 해요. 선생님
   이라도 옳지 않은 행동을 하면 용기를 내서 "싫어요, 하
   지 마세요!" 하고 말하세요.

■ 선생님께서 하신 행동을 부모님께 꼭 이야기하세요.

■ 선생님께 싫다고 하기 무섭거나 부모님께 말씀드리기 어려우면
   1366에 전화해서 도와 달라고 하세요.

동네 잘 아는 어른이
저런 질문을 하면서
단둘이 있자고 하면
어떻게 해야 할까요?

넵!
부모님의
허락을
꼭 받아야 합니다!

동네 어른이
단둘이 있자고 하면
"집에서 엄마가 기다리세요."
라고 말하고 집으로 가요.

■ 싫다고 해도 계속 말을 걸면 "집에서 부모님께서 기다리세요. 집에 빨리 가야 돼요." 하고 얼른 집으로 가세요.

■ 집에 가면 일어난 일을 부모님께 꼭 말씀드리세요.

너 그거 아니?
여러 사람에게 말
하는 것보다 한 사람
에게 도와 달라고
부탁하는 것이
좋아요.

도움이 필요할 때는
한 사람을 가리키며
큰 소리로 부탁하세요.

■ 놀이공원, 지하철, 버스 안같이 사람들로 붐비는 곳에서 누군가
  내 몸을 더듬거나 만지면 "왜 이러세요, 하지 마세요!"하고
  크고 분명한 목소리로 말하세요.

■ 가까이에 어른이 계시면 "아저씨(아주머니) 저 좀 도와주세
  요." 하고 말하세요. 여러 사람에게 말하는 것보다 한 사람을 가
  리키며 도움을 요청하세요.

■ 집에 가면 있었던 일을 부모님께 꼭 말씀드리세요.

# 알콩이 테스트 ?

1. 이웃집 아저씨는 내가 귀엽다며 아저씨의 무릎에 앉히고 볼을 비벼요. 그럴 때마다 나는 기분이 안 좋아요. 불편하니까 "하지 마세요."라고 말했어요.

        네                       아니요

2. 친척 오빠가 이상한 행동을 했어요. 창피해서 부모님께는 말씀드리지 않았어요.

        네                       아니요

3. 새아빠가 내 몸의 소중한 곳을 만지고 아프게 했어요. 엄마께 말하면 새아빠는 나를 미워할 거라면서 절대 말하지 말래요.

        네                       아니요

4. 학교나 학원 선생님의 말씀은 무조건 들어야 돼요.

        네                       아니요

5. 동네 어른이 집에 재미있는 게임기가 있으니 와서 하라고 했어요. 나는 부모님께서 기다리고 계신다며 말하고 집에 돌아왔어요.

        네                       아니요

6. 옆에 서 있던 아저씨가 내 엉덩이를 만졌어요. 맞은편에 계신 아주머니께 손짓을 하며 도와 달라고 했어요.

        네                       아니요

7. 나를 예뻐해 주시는 어른이라도 내 볼에 뽀뽀하는 건 기분이 나빠요. 하지만 나를 귀여워해 주시는 분이니 참아요.

        네                       아니요

8. 길을 가다가 바지를 입지 않은 이상한 아저씨를 만났어요. 얼른 자리를 피하고 112에 신고했어요.

        네                       아니요

9. 내 몸의 소중한 곳은 내가 어른이 되어 아기를 만들고, 낳고, 키우는 중요한 곳이에요.

        네                       아니요

## 헷갈리나요? 큰 소리로 다음을 읽어 보아요.

점수 :

1. 내 몸의 주인은 나야. 아무도 함부로 못 해!
2. 두 번 다시 그런 일이 없도록 부모님께 말씀
   드려야 해.
3. 소중한 내 몸은 어느 누구도 함부로 할 수 없어.
4. 선생님이 아이를 납치한 사건이 실제로 있었대.
5. 그냥 싫다고 하면 귀찮게 계속 물어보거나 겁을 줄지도 몰라.
6. 막연히 "도와주세요!" 하고 소리치기보다는 한 사람을 정해
   부탁하면 도움 받기가 더 쉬워.
7. 소중한 내 몸! 아무리 뺨에 뽀뽀하는 정도라도 싫으면 싫다고 말해.
8. 내가 겁을 먹고 그 자리에 서 있으면 계속 이상한 행동을 할지도 몰라.
9. 아기가 어떻게 만들어지고 태어나고 자라나는지 생각해 봐.

정답: 1.네 2.아니요 3.아니요 4.아니요 5.네 6.네 7.아니요 8.네 9.네

학교 갔다 돌아오면
어린이 혼자 집에 있는
경우가 너무 많아요.
혼자 힘으로 자신을 지키려면
어떻게 해야 할까요?
부모님께서 일터에서
오시면 여러분이 꼭 해야
할 일이 있어요.
함께 배워 봅시다.

# 달서장과
## 이러쿵저러쿵
### 알랑가 몰라

5

너 그거 아니?
열쇠는
보이지 않게
가지고 다니기!

■ 집에 들어가기 전에, 따라오는 사람이 없었는지 확인해요.

■ 몸으로 가린 채 현관문의 비밀번호를 눌러요.

■ 집에 들어가면 문을 꼭 잠그고 확인해요.

■ 혼자 있을 때는 치킨, 피자, 짜장면 등 배달 음식은 시키지 마세요.

■ 모르는 사람과 엘리베이터를 탈 때는 비상벨 가까이에 서 있고, 휴대전화로 가족과 통화하면서 타세요.

엄마가 주무시고 계세요. 물건을 문 앞에 내려놓고 가세요.

아빠가 샤워 중이세요. 물건을 경비실에 놓고 가시래요.

대답하기 어려우면 아무도 없는 것처럼 대답하지 마.

집에 어른이 안 계시면
함부로 문을 열어주지 마세요.

- 집에 어른이 안 계시면 아무도 없는 것처럼 대답하지 않아요.

- 전화를 받을 땐 "부모님께서 샤워 중이세요.", "주무시고 계시니 나중에 다시 걸어 주세요."라고 말하고 메모를 남겨요.

- "지금 부모님께서 안 계세요. 나중에 걸어 주세요."라고 말하면, 집에 어린이 혼자 있다는 사실을 알려 주게 되어 위험해 요. 혼자 있을 때는 전화를 받지 않아도 돼요.

- "행사 기간에 사은품을 드려요!" 하는 등 모르는 사람에게 전화가 와서 이름이나 주소를 묻는다면? 함부로 가르쳐 주면 안 돼요.

97

엄마랑 친구들이
알면 나를 싫어할 기라고
비밀로 하자고 했어.
하지만 엄마는
나쁜 일이 생겨도, 꼭
내 편일 거야.

피해를 입으면
반드시 누군가에게 이야기해요.

- 피해를 입은 사실을 알면 부모님, 친구들이 자신을 싫어하게 될까 봐 아무에게도 말하지 못하는 친구들이 있어요. 하지만 절대 여러분의 잘못이 아니랍니다. 나쁜 행동을 한 사람의 잘못입니다. 안심하고 부모님께 꼭 얘기하세요.

- 피해를 입으면 부모님, 할아버지, 할머니, 학교 선생님께 그 사실을 꼭 알리세요.

낮에 학교에서 있었던
즐거운 일이나
속상한 일들을
말해 봐요.

저녁밥을 먹을 때나
잠자리에 들 때
이렇게 해요.

평소에 이야기를
많이 나눠야
여러분에게 힘든 일이나
이상한 일이 생겼을 때도
망설이지 않고
부모님께 알릴 수 있어요.

하루를 어떻게 지냈는지
부모님과 이야기 나누세요.

엄마는 너희들의 하루가 무척 궁금하단다.

말씀드리기 어려우면 그날 일을 일기장에 쓰거나 편지를 써도 돼.

■ 하루를 어떻게 지냈는지 부모님께 이야기하는 습관을 들이세요.

■ 특히 고민거리나 걱정거리가 있으면 망설이지 말고 이야기하세요.

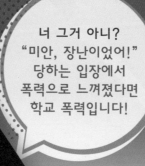

너 그거 아니?
"미안, 장난이었어!"
당하는 입장에서
폭력으로 느껴졌다면
학교 폭력입니다!

심한 장난을
치거나
지나치게 놀려도
마음에 깊은
상처를
줄 수 있어.

## 위험한 장난은 하지 마세요.

■ 친구가 싫어하는 별명을 짓거나 함부로 놀리면 마음의 상처를 줄
수 있어요.

■ 손으로 엉덩이를 찌르는 장난은 매우 위험해요.

■ 치마를 올리거나 바지를 내리지 마세요. 친구의 몸을 함부로
보거나 만지는 것은 재미있는 놀이가 아니라 나쁜 짓입니다.

친구에게 강제로 심부름을 시키는 건 나빠!

아이고 무서워라! 친구를 괴롭히거나 때리는 행동은 범죄라고!

피해를 목격하면 담임 선생님께 꼭 알려야 해!

# 내 몸이 소중하듯
## 친구의 몸도 소중히 여겨요.

친구들이 괴롭힌다면 피하거나 참지 마세요. 선생님과 부모님께 꼭 알리고 도와 달라고 하세요.

- 친구의 물건을 뺏거나 부모님 허락 없이 교환하지 마세요.

- 친구에게 강제로 심부름을 시키지 마세요.

- 친구를 따돌리거나 괴롭히지 마세요. 이런 행동은 죄를 짓는 것과 같아요.

- 따돌림을 받거나 괴롭힘을 당하면 부모님과 선생님, 117에 전화해 도와 달라고 하세요.

한 친구를
정해 놓고
여럿이 따돌리거나
괴롭히지 마!
학교 폭력 신고,
상담 전화
117

달서장: 친구들이 괴롭힌다고
혼자 고민하는 것은 정말 위험한 행동입니다.
보복을 두려워하지 마세요!
괴롭히는 친구가 알 수 없도록 상담을 해주고,
경찰과 단둘이 인터넷 상담도 가능합니다.

- 문자나 사이버상에 따돌리거나 언어폭력을 하면 안 돼요.

- 문자 메시지로 협박이 오면
  지우지말고 그대로 부모님께 보여 드려요.

- 폭력 서클에 가입하지 않아요.

문자나 사이버상에 협박이 오면 지우지 말고 그대로 저장, 보관했다가 선생님이나 부모님께 보여 드리세요.

최고야 : 넌 우리 반에서 사라져야 해!
박성깔 : 넌 참 돼지 같아 !꿀꿀아!
박왕따 : 내가 뭘 잘못했는데?
최때려 : 동네 형들이
            널 좀 데려 오래.

박왕따 : …

네가 널
못 찾을 것 같아?
만나면
널 혼내 줄 테다!
4/26

# 달서장 테스트?

1. 집에 오시는 학습지 선생님께는 현관 비밀번호를 알려 드려도 괜찮아요.

    네                         아니요

2. 할머니를 모시고 병원에 간 엄마께서 조금 늦는다고 전화하셨어요. 오실 때까지 기다리려고 했지만 배가 고파요. 짜장면을 시켜 먹어야겠어요.

    네                         아니요

3. 아무도 없는 빈집에 들어갈 때는 거짓이라도 "학교 다녀왔습니다." 하고 큰 소리로 인사해요.

    네                         아니요

4. 혼자 집을 보는데 전화가 왔어요. "엄마 계시니?" 하고 물으셔서 저녁 늦게 오신다고 친절하게 알려 드렸어요.

    네                         아니요

5. 어린이 성범죄는 미리 조심하지 않은 아이들에게 잘못이 있어요.

    네                         아니요

6. 내가 성폭력 피해를 입는다면 아무에게도 말하지 않을 거예요. 친구들이 알고 따돌리거나 놀리면 어떡해요.

    네                         아니요

7. 모르는 사람과 엘리베이터를 탔어요. 일부러 비상벨 가까이에 섰어요.

    네                         아니요

8. 친한 친구끼리는 재미로 심한 장난을 해도 돼요.

    네                         아니요

9. 뚱뚱한 친구의 별명은 돼지 콧구멍이에요. 나만 그러지 않고 반 아이들도 다 부르니까 괜찮아요.

    네                         아니요

10. 아이들은 아직 어리기 때문에 안전 수칙을 잘 따라야 해요. 하지만 어른이 되면 안 지켜도 돼요.

    네                         아니요

11. 부모님께서 집에 계실 때는 현관문이나 대문을 굳이 잠글 필요는 없어요.

    네                         아니요

# 헷갈리나요? 큰 소리로 다음을 읽어 보아요.

점수 :

1. 비밀번호는 우리 가족만 알아야 해.
2. 나쁜 사람은 혼자 있는 아이를 노린대. 평소에
   눈여겨보았다가 못된 짓을 할지도 몰라.
3. 내 몸을 지키고 위험을 막기 위해 일부러 하는 거짓말은 나쁜 게 아니야.
4. 혼자 있다는 사실을 알려 주면 위험해질 수 있어.
5. 어린이는 아직 어려서 힘도 없고 판단력도 약해. 그렇기 때문에
   우리에게는 아무 잘못이 없어.
6. 나쁜 어른이 또 그러지 못하게 부모님께 알려야 해.
7. 비상벨은 위험할 때 누르는 거야.
8. 친한 친구라면 서로 아끼고 위해야지.
9. 내가 그런 놀림을 받는다면 마음이
   어떨까?
10. 나를 지키는 안전 수칙, 아이도
    어른도 다 지켜야 돼.
11. 현관문은 늘 잠가야 해.

정답: 1.아니요  2.아니요  3.네  4.아니요  5.아니요  6.아니요  7.아니요
8.아니요  9.아니요  10.아니요  11.아니요

어때요? 우리에게 아직도
달팽이집이 필요할까요?

맞아요!
우리에게는 보호 무기가 없지만 우리의 안전을
위해서 어떻게 해야 하는지 이제 잘 알았지요?

꼭 기억하세요.
민달팽이 친구들이 등에 집을 지고 다니지 않아도
안전하게 다니는 까닭은 지금까지 배운 내용을 잘
실천하기 때문이라는 사실!

아 참, 또 한 가지.
착한 어린이가 되는 것도 중요하지만 먼저
내 몸을 지키는 슬기로운 어린이가 되어야
해요. 이 달서장 아저씨와 약속!

끝

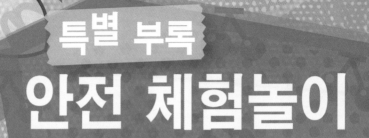

# 특별 부록
# 안전 체험놀이

약속!

이어서
안전 체험놀이가
시작됩니다.

가족과 함께 우리 동네
안전 지도를 만들어 보아요.

1. 우리 집과 학교를 먼저 그리세요.

2. 자신이 주로 다니는 큰길을 그리고
   작은 길도 그려 넣으세요.

3. 친구들과 자주 어울려 노는 곳을
   그려 넣으세요.

4. 지도를 다 그렸나요?
   이제 색연필로 표시해 봐요.

⚪ 아동안전지킴이집

🟢 안전한 곳

🔴 주의해야 할 곳

🟣 매우 위험한 곳

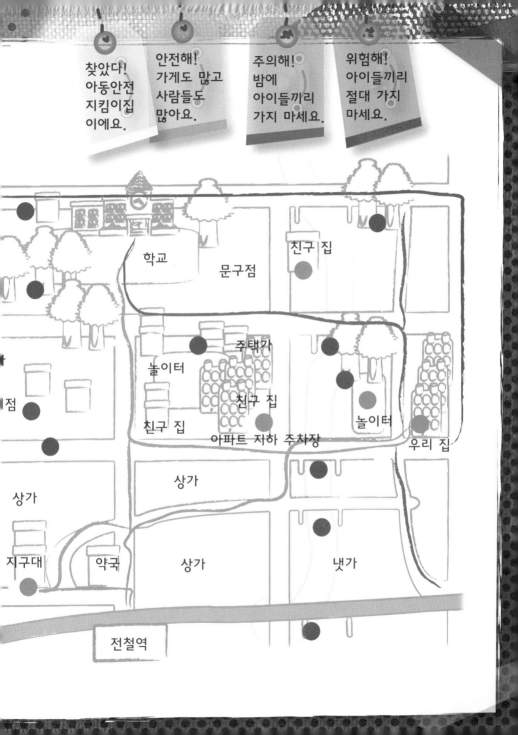

찾았다!
아동안전
지킴이집
이에요.

안전해!
가게도 많고
사람들도
많아요.

주의해!
밤에
아이들끼리
가지 마세요.

위험해!
아이들끼리
절대 가지
마세요.

# 오싹오싹 범인을 그려 보자!

놀이터에서 놀고 있는데 글쎄
어떤 아저씨가 다가오는 게 아니겠어?
신기한 걸 보여 준다며 나더러 화장실에 따라오래.

하지만 가지 않았어!
그리고 도와달라고 크게 소리치며
집으로 도망쳐 들어왔지 뭐야.
방금 전 이야기를 엄마한테 다 말씀드렸어!
엄마가 글쎄 너무너무 용기 있게 잘했다고
칭찬해 주셨어!

근데 있잖아, 다급하게 달려서
그 아저씨 얼굴이 생각이 안 나는 거야 글쎄?
어떻게 생겼는지 오른쪽에 네가 그려 줄 수 있어?

# 엄마-내 연기력 어때요?

## 상황 연습놀이

다음 물음에 엄마랑 나랑
실제 연습을 해보세요.
다 끝났으면 바꿔서 연습해요.
내가 범인? 엄마가
어린이가 된다면 재미있겠죠?
그런데 내가 엄마를
어떻게 유혹하지?

지금은 실제 상황!
너는 어린이, 엄마는 수상한 아저씨야!
엄마랑 한번 연기해 봐!

망설이지 않고
바로 대답할 수
있겠지?

## 1번 문제

넌 참 힘도 세 보이고
착해 보이는구나 꼬마야.
아저씨 물건을 들어 줄래?

## 2번 문제

아저씨가 병원을 찾고 있는데,
좀 가르쳐 줄래?

## 3번 문제

낯선 곳에서 길을 잃어버렸어.
어떻게 해야 할지 한번 대답해 볼래?

## 4번 문제

똑! 똑! 똑!
가스 안전 검침 나왔습니다.
안에 아무도 안 계세요?

엄마엄마, 세상에서
제 목소리가 제일 커요!

적어 보고 3번씩 크게 외쳐 봐요.
모르는 사람이 강제로 가자고 하면
어떻게 해야 할까요?

1.

2.

3.

그림도 짱! 달팽이 형사대
안전모는 언제나 안전을 생각하라는 뜻이야.
크고 둥근 눈은 언제 어디서나 주위를 살피라는 뜻이야.
크게 벌린 입은 큰 소리로 말하고 소리치라는 뜻이야.

# 도 움 을 받 을 수 있 는 곳

- **안전Dream 아동 여성 장애인 경찰지원센터**
  www.safe182.go.kr
  전화 : 국번 없이 182,117

- **경찰청 실종아동찾기 센터**
  www.safe182.go.kr
  전화 : 국번 없이 182

- **여성긴급전화(여성가족부)**
  www.mogef.go.kr
  전화 : 국번 없이 1366

- **중앙아동보호전문기관(아동학대 신고)**
  www.korea1391.org
  전화 : 1577-1391

- **헬프콜 청소년전화**
  1388.kyci.or.kr
  전화 : 국번 없이 1388

- **보건복지콜센터**
  www.129.go.kr
  전화 : 국번 없이 129

## 아동성폭력 전담센터

- **서울해바라기 아동센터**
  www.child1375.or.kr
  전화 : 02-3274-1375

- **경기해바라기 아동센터**
  www.sunflower.or.kr
  전화 : 031-708-1375

- **충청해바라기 아동센터**
  www.1375.or.kr
  전화 : 043-857-1375~77

- **인천해바라기 아동센터**
  www.sunflowericn.or.kr
  전화 : 032-423-1375

- **전북해바라기 아동센터**
  www.jdsunflower.or.kr
  전화 : 063-246-1375

- **광주해바라기 아동센터**
  www.forchild.or.kr
  전화 : 062-232-1375

- **경남해바라기 아동센터**
  www.savechild.or.kr
  전화 : 055-754-1375

- **부산해바라기여성아동센터**
  www.child4u.or.kr
  전화 : 051-244-1375

- **강원해바라기여성아동센터**
  www.gwsunflower.or.kr
  전화 : 033-252-1375

- **대구해바라기 아동센터**
  www.csart.or.kr
  전화 : 053-421-1375